Andreas Arnold

Würzburger Gschichtli

Bibliografische Information der Deutschen Nationalbibliothek

Die Deutsche Nationalbibliothek verzeichnet diese Publikation in der Deutschen Nationalbibliografie; detaillierte bibliografische Daten sind im Internet über http://dnb.dnb.de abrufbar.

1. Auflage, September 2020

info@spurbuch.de,
www.spurbuch.de

Ausführung: pth-mediaberatung GmbH, Würzburg
Bilder von Klaus Hinkel
www.watercolours.es

ISBN 978-3-88778-598-7

Andreas Arnold

Würzburger Gschichtli

Inhalt

Wie Hermann zum Autor kam...

Endlich fuhr mein Zug in den Hauptbahnhof Würzburg ein. Ich beeilte mich, auszusteigen und lief rasch. Als ich in die Bahnhofshalle kam, geriet ich – wider Erwarten – mitten in einen Hochzeits-Antrags-Flashmob. Musikboxen dröhnten, Leute wirbelten tanzend um mich herum und ich begriff nichts, bis ein Mann vor einer Frau kniete und sich beide weinend in die Arme fielen. Es war alles so anders als in den letzten 48 Stunden. Was war zuvor?

Ich erfüllte mir einen langgehegten Traum und machte ein Überlebenstraining im westlichsten Teil Deutschlands. Da ich jedoch – irrtümlich – davon ausging, alles, was ich benötigen würde, vor Ort finden zu können, verzichtete ich auf Vorräte und auch auf Getränke. Es war ein herrlicher Sommertag mit noch herrlicherem Sonnenschein. Kein Schatten säumte den Weg meiner Wanderung. Kurz: Es war brechend heiß und mein Rucksack mit Zelt, Schlafsack, Grill und Gitarre drückte wie eine Zentnerlast auf meine Schultern. Ich schwitzte und lief und lief und lief. Als ich die Nacht in einem unwirtlichen Kiefernwald ankam, tat ich kein Auge zu. Ausgelaugt und völlig fertig lief ich am nächsten Tag weiter. Ich bekam Schwindel, Kopfschmerzen und einen taumelnden Gang. Vor allem aber hatte ich eines: Durst. Da sah ich, wie ein vorüberfahrendes Auto einen Apfelbutzen aus dem Fenster warf. Ich überlegte nicht lange, hob ihn auf, machte ihn notdürftig sauber und saugte und trank und aß dieses köstliche Geschenk, weil es die Flüssigkeit enthielt, die es mir ermöglichte, immerhin noch bis zum Bahnhof weiterlaufen zu können. Endlich konnte ich den Zug nach Hause nehmen. Und ich war wirklich froh, wieder da zu sein. Umso mehr, als meine Frau mir frisch gepressten, gesalzenen O-Saft mitbrachte, den ich beim Bestaunen der hüpfenden Menge am Bahnhofsplatz in einem Zug austrank.

Da erschien – wer weiß, wie oder woher – plötzlich: Hermann. Er saß einfach da. Am Straba-Steig. Und er saß nicht etwa auf der Parkbank, sondern daneben, unten, am Boden, auf einer alten Decke. Hermann saß da und schien ganz bei sich zu sein. Die Welt um ihn herum war ihm egal. Ein viel- oder nichtssagendes Lächeln umspann seine Lippen. Er war ganz bei sich selbst angekommen. Nun, dieses Glück währte aber leider nicht lang, weil bald ein gewisser Rudi dazukam, der anfing, Hermann durch seine Art, sein Sprechen und seine Fragen zu stören. Rudi war derart penetrant, dass ich es schon wieder liebenswert fand und auch ihn in mein Herz zu schließen begann. Schnulli, einer der Kumpels von Rudi, war schnell gefunden. Neben dem Eingangsbereich der Bahnhofshalle residiert eine Clique alkoholisierter und leicht reizbarer Typen, zwischen denen sich Schnulli sehr wohl gefühlt hätte. Moni ist die Frau in Rudis Leben. Obwohl sich die beiden sehr mögen, vielleicht zu sehr, kommen sie nicht zusammen. Alle weiteren Personen sind Typen, die es so oder ähnlich am und um den Bahnhof gibt. Natürlich habe ich sie mindestens 1:1 kopiert. Mindestens!

Andreas Arnold

Personenbeschreibungen

Hermann

Wie aus dem Nichts tauchte Hermann plötzlich auf. Seitdem sitzt er da; auf einer alten Decke am Boden, unterhalb der Parkbank an der Straba-Haltestelle, am Hauptbahnhof Würzburg. Ein asketischer, „verwirrter Professor“ mit Bart und zerzausten, grad abstehenden und vom Wind gebeutelten Haaren. Hermann ist durch und durch Franke. Er will nichts als seine Ruhe haben und von niemandem gestört werden. Das „Orakel von Würzburg“ oder „Hermann der Weise“, wie er ehrfürchtig von anderen Stadtstreichern genannt wird, scheint weder zu essen noch zu trinken noch etwas anderes zu brauchen. Er hat nicht einmal ein Laster, wie Alkohol oder Zigaretten. Vielmehr erzählt man sich, dass er von nichts lebt. Offensichtlich reicht ihm die jahrelang eingeübte Meditation – oder ist nur ein Dösen? – auch ohne Schlaf auskommen zu können. Jedenfalls verlässt er niemals seinen Platz, denn keiner sah ihn je etwas anderes tun, als dort zu sitzen. Obwohl der 40-60-jährige Stoiker immer ein wenig uninteressiert wirkt, ist Hermann geistig hellwach. Nichts entgeht ihm. Auch wenn er zu Beginn eines Gesprächs einsilbig ist, entlarvt Hermann den Kern des Gesagten doch durch seine Anmerkungen und

Fragen. Am Ende bringt er jedes Mal einen Spruch, der sich gewaschen hat und auf den nicht einmal mehr Rudi etwas sagen kann.

Rudi

Rudi bezeichnet sich als einzigen Freund Hermanns, obwohl Hermann dem sicher nicht zustimmen würde. Rudi ist ein kräftiger Kerl, hat längere Haare, einen Mittelscheitel, eine alte Brille und deutliche O-Beine. Aber, so burschikos er auch aussieht, in ihm liegt eine ordentliche Portion Bauernschläue, die seine einfache Denkstruktur immer wieder durchdringt. Seit vielen Jahren lebt er am Bahnhof. Vor allem sein Wissensdurst und seine Neugierde zeichnen ihn aus. Immer auf Achse spricht er mit vielen Menschen und interessiert sich für das Geschehen in der Welt. Wenn ihm etwas auf der Seele brennt, läuft er geschwind zu Herman und berichtet, was los ist. Natürlich ist Rudi als Überlebenskünstler vor allem egoistisch. Er will Antworten, die ihm nutzen. Außerdem hasst er Veränderungen und steckt voller Ängste vor einer ungewissen Zukunft. Gerne wäre Rudi ein starker Mann, wie Schnulli, oder hätte ein tolles Weib, wie die Moni. Aber Rudi macht eben nur halbe Sachen. Deshalb kann er nicht bei einem bleiben. Überall sucht er, hin- und herlaufend, nach Anerkennung und plustert sich dort auf, wo er weiß, dass ihm sicher nichts passieren kann.

Schnulli

Schnulli hängt mit seiner Gang direkt neben dem Eingang am Hauptbahnhof ab. In letzter Zeit hat er damit angefangen, Drogen zu dealen. Schnulli trinkt sehr viel Alkohol und wird ausfallend, wenn er provoziert wird. Und provoziert wird er eigentlich bei jeder Kleinigkeit von irgendjemandem. Dies führt dazu, dass es täglich zu Prügeleien kommt und die Polizei Schnulli fest im Blick hat. Rudi mag Schnulli, weil er ihm stark und mächtig vorkommt und weil Schnulli das macht, was auch Rudi gern tun würde: Dem Ärger augenblicklich Luft machen und dafür (von seiner Gang) Anerkennung kriegen. Ein echter Mann sein eben.

Moni

Moni ist eine der wenigen Stadtstreicherinnen am Hauptbahnhof. Sie ist oft unterwegs, weiß aber genau, was sie will. Und sie will Rudi. Obwohl auch Rudi ein kleines bisschen in sie verliebt ist, findet er Moni zu aufdringlich. Es ist ihm peinlich, mit ihr gesehen zu werden, weil er dann kein richtiger Mann mehr ist. Denn ein richtiger Mann muss ja cool rüberkommen und deshalb alle Frauen abweisen, denkt Rudi.

Würzburger Gschichtli

Uff em Platz

Rudi: „Sag ä Mal, Hermann, du sitzt doch etz scho Jahr und Tag uff deim Platz. Täst du dir nit manchmal wünsch, woanners zu sen?“

Hermann: „Nä, Rudi.“

Rudi: „Also, mir wär des zu blöd. Ich laff extra vo em zum annerm, damit ich a was seh von dere Welt.“

Hermann: „Aha.“

Rudi: „Für mich muss was los sei, Hermann, sust wird mirs langweilig.“

Hermann: „Hmh.“

Rudi: „Dadeswege versteh ich dich a nit. Wie koste des nur aushalt? Immer es Gleiche. Nix als en Kiliansbrunne, en Bahnhof, die Straba und ä paar Leut. Des söll ä Lebe sei? Nä, nä!“

Hermann: „Doch.“

Rudi: „Un was haste davo?“

Hermann: „Mer kann nur e Mal an em Platz sei un da is dann die Welt. Wemmer sein Platz kennt, kennt mer a die Welt.“

Hunger

Rudi: „Ich hab ein Hunger! Ich könnt en ganze Wolf verdrück!“

Hermann: „Da haste en Weck!“

Rudi: „Du bist ja scho fast wie Jesus, Hermann! Der hat a mit seinere Jünger es Brot geteilt.“

Hermann: „Wenn ich was bräucht, tätst du mir genauso was von deim abgeb, Rudi.“

Rudi: „Nä, Hermann. So en Wohltäter bin ich nit.“

Hermann: „Nit einmal, wenn ich am Verhungern wär?“

Rudi: „Naja, dann vielleicht scho.“

Hermann: „Es Herz schlägt immer zwä Mal. E Mal für ein selber un es annere Mal für annere. Des merke aber nit alle. Manch ener braucht en ordentliche Rumms, damit ers mitkriegt.“

Tasche

Rudi: „Hast du mei Tasche irgendwo gsehn, Hermann?“

Hermann: „Die Lilafarbene?“

Rudi: „Ja, genau die!“

Hermann: „Gestern haste se no ghabt, Rudi.“

Rudi: „Ja, gestern. Aber heut?“

Hermann: „Heut no nit.“

Rudi: „Mensch Hermann! Wesste etz was, oder wesste nix?“

Hermann: „Ich wess so viel, dass ich nix wess!“

Gebiss

Rudi: „Guck ä Mal her, Hermann. Des Gebiss da hab ich grad in meim Apfelemmer gfunne."

Hermann: „Mmh."

Rudi: „Des wird doch nit ener ausgerechnet da drin verlorn höm?"

Hermann: „Wird scho so sei, Rudi."

Rudi: „Menste, es hat sich ener übern Apfelemmer gebeugt, weil er vielleicht kotzt musst, und ihm is – quasi aus Versehe – es Gebiss aus em Maul rausgfalle?"

Hermann: „Wess ich nit."

Rudi: „Oder menste, es hat ener sei Zähn efach weggschmisse, weil er damit no nit ins Gras beiß wollt?"

Hermann: „Möglich is alles."

Rudi: „Was söll ich denn etz damit mach, Hermann?"

Hermann: „Du kost ja mal probier, obs dir vielleicht passt. Dir fehle eh ä paar Zähn."

Rudi: „Des is gut! Ja! – Ey! Hermann! Des passt ja wie ogegossen! Wahnsinn!"

Hermann: „Manchmal wess mer erst, was mer vermisst, wemmers gfunne hat."

Neue Hose

Rudi: „Hermann, guck ä Mal: Mei neue Hose! Frisch aus em Apfelemmer rausgfischt. Die is doch no gliedgut, oder?"

Hermann: „Ja, Rudi."

Rudi: „Was die Leut alles wegschmeiße. Mer gläbts nit. Ich könnt mich nit so leicht vo mei Sach trenn."

Hermann: „Un dei alte Hose?"

Rudi: „Weggschmisse. Dadeswege hab ich ja die Neue."

Hermann: „Und genau des hat der annere a gemacht, dem die Hose vor dir geköhrt hat."

Rudi: „Wie etz?"

Hermann: „Der wollt se loswern!"

Rudi: „Aber horch ä Mal, Hermann, wenn der die Hose fortgschmisse hat, was hat er denn dann für ene o, wo die doch no so neu war?"

Hermann: „Es geit immer Gründ, die zu tief sin, als dass mer bis nunner guck könnt."

Rechts-Links

Rudi: „Etz posaune die Rechte wieder ihr Parole un die Linke schreie dagege o. Was sagst du denn dazu, Hermann?“

Hermann: „Nix, Rudi.“

Rudi: „Da muss mer doch was mach?“

Hermann: „Mer muss nur uffs Klo und sterb. Sust nix.“

Rudi: „Irgendwer muss ä Mal eingreif. Den Krach hält doch ken Mensch aus! Furchtbar is des!“

Hermann: „Mh.“

Rudi: „Und a no genau vor meim Apfelemmer. Des geht nit, Hermann. Die verderbe mir mei ganzes Gschäft. Könntst du nit ach ä Mal was sag, Hermann? Du tätst dene scho den Marsch blas.“

Hermann: „En Brüllaff koste mit Gebrüll nit vertreib.“

Älter wern

Rudi: „Die Blätter falle scho wieder von de Bämm. Hermann, mir wern alt."

Hermann: „Älter, Rudi, älter."

Rudi: „Men ich ja. Mir wern älter und mit jedem neue Jahr wird eim des klarer."

Hermann: „Mh."

Rudi: „Mir zwe wern nit ewig da sitz könne. Irgendwann isses aus!"

Hermann: „Hmh."

Rudi: „Sogar du, Hermann, musst ä Mal von der Bildfläche verschwind. Un – gläb mir – kenner vermisst dich."

Hermann: „Höchstens du, Rudi."

Rudi: „Nit ä Mal ich."

Hermann: „Na dann."

Rudi: „Is des nit furchtbar?"

Hermann: „Wer drüber sinniert, wies wär, wenn nix mehr wär, der is nit da, wo was is."

Ä Teil

Rudi: „Gestern hab ich in meim Apfelemmer so ä Teil gfunne, Hermann.“

Hermann: „Was für ä Teil, Rudi?“

Rudi: „So ä Plastikteil aus Plastik halt.“

Hermann: „Un?“

Rudi: „Ich wess nimmer, wo ichs higelegt hab.“

Hermann: „Haste denn scho überall gsucht?“

Rudi: „Überall! Aber es taucht nimmer uff!“

Hermann: „Für was hättstes denn gebräucht, Rudi?“

Rudi: „Des wess ich doch nit. Dadeswege such ichs ja.“

Hermann: „Wer nit wess, wozu öbbes is, brauchts a nit.“

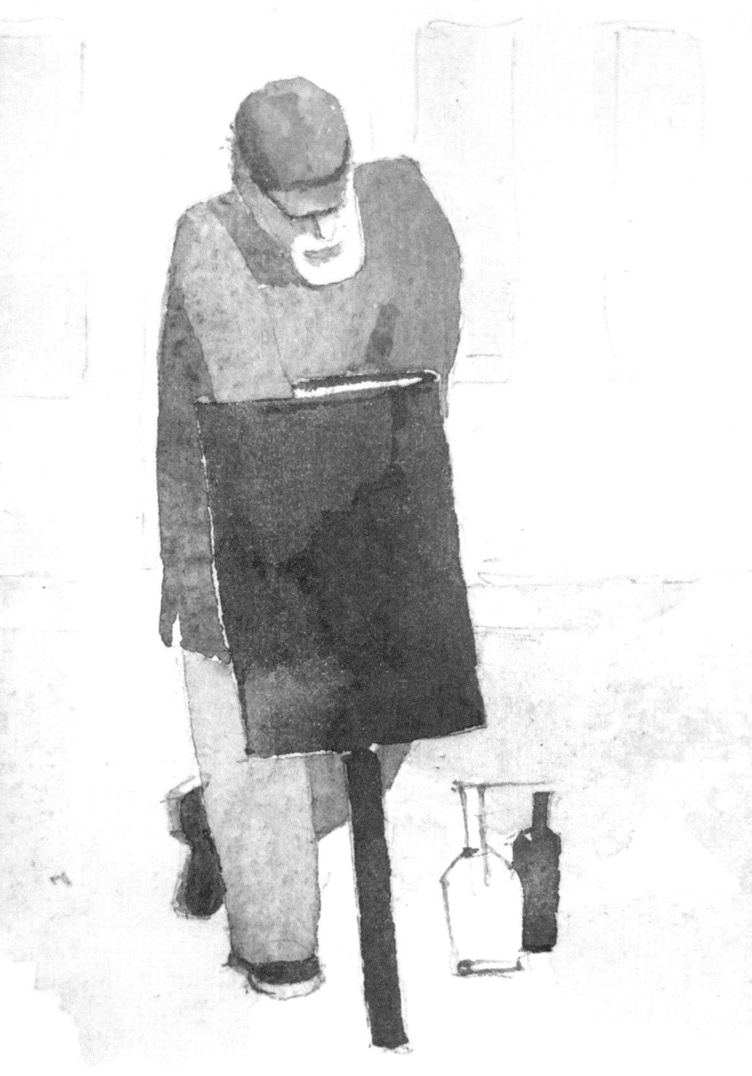

Charakterlos

Rudi: „Die Leut wern immer schlechter, Hermann! Die ham efach ken Charakter mehr."

Hermann: „Wie kommsten da druff, Rudi?"

Rudi: „Wo ich neulich in meim Apfelemmer nachere Pfandflasche geangelt hab, hat ener von dere Junge efach sein Dreck uff mich druff gschmisse. Stell dir des ä Mal vor, Hermann! Als wär ich überhaupt nit da!"

Hermann: „Er war halt in Gedanke."

Rudi: „Nä, nä, der hat des mit Absicht gemacht."

Hermann: „Was wars denn?"

Rudi: „Ä Pfandflasche."

Hermann: „Un?"

Rudi: „Des geht doch nit, dass ener sei Pfandflasche dort hi schmeißt, wo en annerer grad nach ennere sucht. Des bringt es ganze System durchenanner."

Hermann: „Wenn de was umsusst hab willst, musstes halt a onehm, wann des kriegst."

Käfer

Rudi: „Guck ä Mal, Hermann! Den Käfer da hab ich uffere Wiese gfunne. Is der nit schö?“

Hermann: „Ja ja.“

Rudi: „Menste, der bringt Glück?“

Hermann: „Ich denk scho, Rudi.“

Rudi: „Da, guck ä Mal, wie der mir en Ärmel nuffkrabbelt. Des is doch en Verrecker!“

Hermann: „Mh.“

Rudi: „Aber es is ken Junikäfer, oder, Hermann?“

Hermann: „Ich men, du hast ä mords Fräd an em, Rudi.“

Rudi: „Der Kle macht mer aber ach en Heidespaß.“

Hermann: „Und etz fliegt er grad fort.“

Rudi: „Nä! Des geits doch nit. Ich hatt mich grad so an em gewöhnt.“

Hermann: „Etz isser jedenfalls weg un künnt a nimmer.“

Rudi: „Des is gemein. Grad, was mer am liebste hat.“

Hermann: „Was schö is, muss geh. Würd mers behalt, wirds alt.“

Straßebohschiene-putzgerät

Rudi: „Haste gsehn, mit welchem Apparat die die Straßebohschiene sauber halte, Hermann?"

Hermann: „Nä, Rudi."

Rudi: „Des Ding macht en Krach, des gläbst du nit."

Hermann: „Un?"

Rudi: „Ich denk, die stelles absichtlich so laut ei, damits ach die, die ä weng länger gschlafe ham, mitkriege und sich sage: Aha, am Ort wird wenigstens sauber gemacht."

Hermann: „Menste?"

Rudi: „Davo bin ich überzeugt. Weil, wenn nämlich kener wess, dass geputzt wird, tun sich die Leut beschwer, dass alles dreckert is."

Hermann: „Un?"

Rudi: „Die Leut sage dann: In Würzburg siehts scho aus wie in Berlin."

Hermann: „Un?"

Rudi: „Unner schöns Würzburg döff aber nit versaut wern! Wo käme mir denn da hi?"

Hermann: „Hm."

Rudi: „Hermann, du bist efach zu naiv. Wenn die Stadt dreckert wär, täte alle Leut denk, dass es zulässich is, es dreckert zu höm. Kenner tät mehr dahem die Straße kehr. Un in de Häuser täts aussäh, wie bei Hempels unterm Sofa. Nä, des geht nit. Würzburg muss sauber bleib! Fertig."

Hermann: „Un warum steigerst du dich da so nei, Rudi?"

Rudi: „Die Leut, die alles sauber hab wölle, schmeiße gern ä Mal was in die Apfelemmer. Un dadeswege is meiner a immer voll. Un gläb mir, da sin wirklich ä Menge Pfandflasche drin."

Hermann: „Öbbes Lautes hat uns a immer öbbes Persönliches zu sage."

Sturm

Rudi: „Heut solls Sturm geb, Hermann!"

Hermann: „Aha."

Rudi: „Der Schnulli hat gsagt, dass nit ä Mal mehr die Züch fahrn. Alles gecancelt."

Hermann: „Aha."

Rudi: „Da musst du dich bald nach em annere Platz umglotz, Hermann!"

Hermann: „Des passt scho, Rudi."

Rudi: „Und wenn der Sturm dich mitreißt?"

Hermann: „Dann bin ich halt woanders."

Rudi: „Und wenn der Sturm dich bis übers Meer nach Afrika trägt?"

Hermann: „Dann find ich halt in Afrika ä neus Plätzle."

Rudi: „Du bist aber ganz schö zuversichtlich, Hermann. Da hätt ich größere Sorge."

Hermann: „Wege was?"

Rudi: „Dass ich komplett alles verlier."

Hermann: „Aber du hast doch scho alles verlorn, Rudi. Dadeswege bist du ja da, wo du etz bist."

Rudi: „Nä, Hermann, du irrst dich. Mei Plätzle, mein Apfelemmer, mei Tüte, die Leut. Ich hab genug, was mer mir nehm könnt.“

Hermann: „Wenn mers meiste verlorn hat, kriegt mer immerhin wieder so viel zurück, dass mer wieder was verlier kann.“

Krank

Rudi: „Wenn du etz uff ä Mal krank wirst, Hermann, was issen dann mit dir?"

Hermann: „Nix, Rudi."

Rudi: „Haste ke Angst, dass was Schlimms passiert?"

Hermann: „Nä."

Rudi: „Also ich tät mich an deinere Stell sicherheitshalber ä Mal vom Onkel Dokter untersuch lass."

Hermann: „Warum?"

Rudi: „Mer wird nit jünger un es kann immer ä Mal was sei."

Hermann: „Gehst du denn hi?"

Rudi: „Unserens hats nit nötich, mir ham schließlich unnern Stolz."

Hermann: „Un der reicht zum Gsundbleibe?"

Rudi: „Bis etz hats highaut."

Hermann: „Nit selten will mer en annere vo was überzeug, vo dem mer selber nit überzeugt is."

Spiegelbild

Rudi: „Die Moni hat gement, ich könnt ä Mal ä weng was abnehm."

Hermann: „Aha."

Rudi: „Denkst du des ach, Hermann? Menst du ach, ich wär vielleicht zu fett?"

Hermann: „Du bist genau richtig, Rudi."

Rudi: „Siehste, genau des hab ich ach zu der Moni gsagt. Aber sie hat gement, ich soll halt ä Mal nein Spiegel neiglotz."

Hermann: „Un?"

Rudi: „Uff die Schnelle hab ich ken Spiegel gfunne."

Hermann: „Un?"

Rudi: „Vielleicht interessierts mich ach gar nit so arch."

Hermann: „Wo mer nit higlotzt, kammer nix säh."

Uniform

Rudi: „Wenn ich immer die Leut vo de Boh mit ihrene Uniform seh, tät ich am liebste ener vo dene sei wöll, Hermann."

Hermann: „Wirklich, Rudi?"

Rudi: „Ja, die laffe immer so elegant rüm und ham den gewisse Blick, so vo owe nach unne, dass mer uff de Stell ä schlechts Gewisse kriegt. So, als wär mer bei was ganz Schlimms erwischt worn. Vor dene hatt ich scho immer Regatt!"

Hermann: „Du könnst umschul, Rudi. No isses nit zu spät."

Rudi: „Ich? Nä, Hermann. Des wär wirklich zu viel verlangt von so em alte Depp, wie mir. Was will ich dere junge Leute ihrn Arbeitsplatz wegnehm?"

Hermann: „Uff de Plakate steht, dass se Nachwuchsmangel ham un dringend Leut suche."

Rudi: „Ich bin aus em Nachwuchs scho rausgewachse, Hermann. Des mit der Boh un mir wird nix mehr in dem Lebe. Gläb mers."

Hermann: „Wemmer ment, mer hätt was verpasst, verpasst mer a was."

Was Großes

Rudi: „Manchmal wünsch ich mir direkt, dass was passiert, Hermann!“

Hermann: „Was denn, Rudi?“

Rudi: „Was Großes! Vo mir aus ach was Schlimms.“

Hermann: „Warum denn des?“

Rudi: „Ich wess nit. Es wär halt ä Mal was anneres.“

Hermann: „Un was söll des dann sei?“

Rudi: „Dass der Bahnhof explodiert, zum Beispiel, und – bumm! – in die Luft fliegt.“

Hermann: „Un des findste gut, Rudi?“

Rudi: „Furchtbar wär des, aber Hauptsach ä Mal was anneres als sust. Öbbes, des en Haufe Leut betrifft. Raus ausm Trott, nei ins Abenteuer.“

Hermann: „Wemmer Kreuzschmerze vom viele Liege hat, würd mer am liebste sei Kanapee verreckt mach.“

Gald pump

Rudi: „Hermann, geb mir ä Mal en Euro!"

Hermann: „Nä, Rudi!"

Rudi: „Sei doch ken Unmensch! Ich hab nix mehr."

Hermann: „Na gut. Vo mir aus. Da! Nehm! – "

Rudi: „ – Danke, Hermann. Du bist halt echt en Kumpel. Kann ich mir a gleich ä weng mehr nehm?"

Hermann: „Rudi! Du wesst genau, dass ich des Nachgekart aufn Tod hass!"

Rudi: „Ich wess, Hermann, es tut mir ach echt läd, aber ich hab wirklich gornix mehr."

Hermann: „Da nehm! Nehm, so viel de willst un hau ab damit! Verschwind!"

Rudi: „Natürlich, natürlich! Aber vorher muss ich dir efach sag, dass du der Beste bist, Hermann! Echt, es geit ken anständigere Mensche, als wie dich!"

Hermann: „Wer nit nit gemöcht wern will, geit a em falsche Fuffziger mehr als er möcht."

Jobogebot

Rudi: „Wenn etz enner zu dir käm un tät sag: Hermann! Weil de echt en guter Kerle bist, haste a ä gscheits Lebe verdient. Desdewege besorg ich dir en oständige Job. Was tätsten dann mach?"

Hermann: „Nix, Rudi."

Rudi: „Also, etz sag doch ä Mal: Wär des nix?"

Hermann: „Nä."

Rudi: „Also ich könnt bei so em Ogebot sicher nit nä sag. Ich tät sofort zuschlag: Jawoll, nemm ich."

Hermann: „Und dann?"

Rudi: „Dann wär ich schneller fort, als de guckst."

Hermann: „So?"

Rudi: „Höchstens, wenn ich vo meinere Firma aus mit der Boh fahr müsst, tätste mich wieder seh."

Hermann: „Mmh."

Rudi: „Un dir tät ich sogar, ausnahmsweis, ä Mal was geb, wenn ich vorbeikäm."

Hermann: „Echt etz?"

Rudi: „Vielleicht aber a nit. Vielleicht tät ich mir a denk, so en Faulenzer wie der, der müsst sich bloß ä bissle mehr ostreng un en Job such, dann hätt er a genug zum lebe. Geht der un sei Schicksal mich was o? So en Schmarotzer söll ich mitfinanzier, wo ich en ganze Tag nix anneres tu, als nur maloch, damit ich selber uffn grüne Zweig komm? Nä! Un doppelt nä!"

Hermann: „Dann wärst du a nit besser als wie die ganze Schnösel, uff die de immer schimpfst wie en Rohrspatz."

Rudi: „Aber da wär ich a in ä annere Lage und müsst dadeswege anners denk."

Hermann: „Wer sei Einstellung nach em Wind dreht, hat im Endeffekt kene."

Brückeschoppe

Rudi: „Neulich hab ich en Ausfluch gemacht, Hermann."

Hermann: „Ahja?"

Rudi: „Ich bin nuff die Alte Meebrücke und hab ä Viertele getrunke."

Hermann: „Ahja."

Rudi: „Warst du überhaupt schomal beim Brückeschoppe, Hermann?"

Hermann: „Nä."

Rudi: „Des is frei was ganz Besonderes. Sogar die Japaner stehn Schlange, damit se en gute Frankewein abkrieche. Vo dere ene hatt ich a mei Viertele."

Hermann: „Wie des?"

Rudi: „Ich hab ihr gsagt, dass sie sich zum Fotografiere bei dere Kolonatfigur histell soll und mir einstweile ihr Glas Wein lass könnt."

Hermann: „Un?"

Rudi: „Bis ich fertig war mit dere blöde Fotografiererei, war ich a mim Wein fertig."

Hermann: „Un?"

Rudi: „Sie hat wirklich überhaupt nit gschennt, sondern höflich gelächelt un immerzu mim Kopf genickt und ä paar Mal ‚Thank you' gsagt. Ich wollt se ja davo überzeug, dass se mir a no des leere Pfandglas überlässt, aber ordentlich wie die halt senn, hat se druff bestanne, es selber zurückzutrage. Dabei is se lächelnd mit Winkewinke davo gelaffe. Also, die Japaner, die sin wirklich top. Des muss mer dere lass!"

Hermann: „Manchmal kriecht mer sogar des gschenkt, was mer sich scho genomme hat."

Taubefra

Rudi: „Die Taubefra! Da drübe unnerm Taubeturm. Siehste die, Hermann!“

Hermann: „Ahja.“

Rudi: „Des is heut scho es dritte Mal. Also, was die füttert, geht uff ke Kuhhaut. Mer frägt sich, wo se die ganze Körner her hat. Un dann no die Klamotte, damit se nit so arch vollgschisse wird. In jedere Tasche sin Körner versteckt, damit die Taube aber ach alles aus ere rauspicke.“

Hermann: „Sie wills halt so, Rudi.“

Rudi: „Haste gsehn, wie die dahischmelzt, wenn an die hunnert Taube uffere rummache? Ich gläb ehr, dere fehlt was.“

Hermann: „Un du hast nix Besseres zu tun, als ihr zuzuglotze?“

Rudi: „Ich registriers nur, Hermann. Damit ich ach ä mal ä Aussage treff könnt, wenn die Polente danach fragt.“

Hermann: „Manch ener, der en sieht, der was Außergewöhnlichs macht, bewunnert en dafür, ach wenn ers nit zugeit.“

Politiker sei

Rudi: „Sag einmal, Hermann, warum sin mir zwä eigentlich ke Politiker worn?“

Hermann: „Wess nit, Rudi.“

Rudi: „Des wär doch mal was. Du, der Bürgermeister vo Würzburg, un ich, dein Schatzmäster.“

Hermann: „Nä. Lieber nit.“

Rudi: „Warum nit?“

Hermann: „Du kost doch mit Geld gar nit umgeh!“

Rudi: „Wie menste des? Ich sammel seit Jahr un Tag Flasche und lös Pfand ei. Damit mach ich gut un gern 10 bis 40 Euro am Tag. Zeig mir en Enzige im Rathaus, der des hikriegt.“

Hermann: „Es mag sei, dass du den en oder annere dort an Eifer übertriffst, aber ehrlich gsagt, die Ärwärt hast du trotzdem nit erfunne. Wenn ich dir als zuglotz, men ich, mer könnt dir beim Laffe die Schuh besohl.“

Rudi: „Verstehste denn nit? Genau des is etz gfragt. Achtsamkeit nenne se des, oder wies neulich in em Buch aus meim Apfelemmer hieß: Zen un die Kunst vo ere beschleunigte Entschleunigung.“

Hermann: „Manch ener bastelt sich aus seinere Faulheit sogar ä Philosophie.“

Großkopferte

Rudi: „Ich wollt eigentlich scho immer ä Mal en Großkopferte sei, Hermann.“

Hermann: „Aha“

Rudi: „Ja, so ener, der was zu sage hat. Mit en Haufe Gald und ä Menge Leut, die um ihn rumschwanzeln.“

Hermann: „Wie wolltsten des schaff, Rudi?“

Rudi: „Ich wess nit. Vielleicht ä eigene Fabrik für Wurschtdose. Dazu hätt ich halt Metzger wern müss.“

Hermann: „Un?“

Rudi: „Irgendwie hat mich des nach ere Zeit nimmer so brennend interessiert und dadeswege bin ich mein eigene Weg gange.“

Hermann: „Un etz?“

Rudi: „Etz is alles ä bissle zu spät, aber was solls.“

Hermann: „Wer nit zielt, trifft halt a nit.“

Weltuntergang

Rudi: „Hermann, gläbst du eigentlich, dass uns die Welt ä Mal unnergeht?"

Hermann: „Nä, Rudi. Gläb ich nit."

Rudi: „Wenns aber käm?"

Hermann: „Wärs so."

Rudi: „Dann wär aber ach alles mit ä Mal weg. Denk doch, Hermann. Du tätst nimmer da sitz, weil ken Platz mehr wär, wo de sitz könntst. Und ich tät nimmer da steh, weil die Straß un des ganze Drumherum verreckt wärn. Des wär furchtbar."

Hermann: „Es wär bloß es End."

Rudi: „Aber Hermann, dann tätst du nimmer läb!"

Hermann: „Und du a nimmer."

Rudi: „Ich a nimmer. Ich a nimmer? Des is mir frei gar nit recht. Da döff ich gar nit drüber nachdenk. Schlimm sag ich nur, schlimm, schlimm."

Hermann: „Des wär nit schlimm, Rudi."

Rudi: „Nit schlimm? Es gibt grad nix Schlimmeres, was ich mir vorstell könnt."

Hermann: „Was mer sich nit vorstell kann, kann a nit so schlimm sei."

Parasite

Rudi: „Manchmal denk ich, dass mir ganz schö egoistisch sin, Hermann."

Hermann: „Wieso, Rudi?"

Rudi: „Weil mir en ganze Tag dasitze und vo irgendwelche unbekannte Leut ihrm Gald läbe."

Hermann: „Un?"

Rudi: „Mir sind Parasite."

Hermann: „Sin nit alle im Endeffekt Parasite?"

Rudi: „Naja, die meiste tun was für ihr Gald."

Hermann: „Mir nit?"

Rudi: „Doch, natürlich, Hermann. Du sitzt en liebe lange Tag da un ich sammel Pfandflasche. Des is was. Immerhin besser als nix."

Hermann: „Tun annere mehr?"

Rudi: „Annere hocke en ganze Tag an em schöne Plätzle in em warme Haus. Die tun zwar a nix Gscheits, kriege aber immerhin ä anständigs Gald dafür."

Hermann: „Es künnt halt nit drauf o, was ener macht, sondern, wo."

Läbenslast

Rudi: „Es Läbe is manchmal scho ostrengend, Hermann, findste nit?“

Hermann: „Naja, Rudi.“

Rudi: „Alle Tag muss mer sich abstrampel für nix. Un immer es Gleiche. Dazu no die blöde Kommentare vo dere Leut.“

Hermann: „Hm.“

Rudi: „Wenns Läbe leichter ging, wär ich scho zufriede.“

Hermann: „Wie denn, Rudi?“

Rudi: „Mehr Pfandflasche am Tag, ä bissle ä schöneres Wetter und dass der Schnulli besser druff wär un nit gleich losbrüllt, wenn em was nit passt.“

Hermann: „Des is scho alles?“

Rudi: „Mehr bräuchts gar nit.“

Hermann: „Die meste Leut denke nit über ä bissle mehr un ä bissle besser naus.“

Badewanne

Rudi: „Am liebste hätt ich etz ä Badewanne und tät mich neileg, Hermann!“

Hermann: „Un?“

Rudi: „Nix un. Es is ja kenne da.“

Hermann: „Un in der Bahnhofsmission, Rudi?“

Rudi: „Ah, da! Da sitze bestimmt scho tausend annere drin. Die höm eh ken Platz mehr für mich! Außerdem is es Wasser inzwische scho zu hunnert Prozent kalt. Un was menst du, wie dreckert des erst is, wenn all die Saubatzer sich zum erste Mal im Jahr da drin entschuppt ham?“

Hermann: „Wemmer sich was wünscht, möcht mer no lang nit, dass mers a kriegt.“

Schlafplatz

Rudi:	„Wo schläfst du denn heut Nacht, Hermann?“
Hermann:	„Na da, Rudi.“
Rudi:	„Und wenns kalt wird?“
Hermann:	„Hab ich mei Decke.“
Rudi:	„Un wenn die Polente künnt un dich uffweckt?
Hermann:	„Bin ich wieder wach.“
Rudi:	„Un wenn se dich vom Platz verweise?“
Hermann:	„Döffe se ruhig.“
Rudi:	„Un wenn se dich schließlich wegtrage?“
Hermann:	„Find ich ä neus Plätzle, wo ich weiter schlaf kann.“
Rudi:	„Un wenn dich dort irgend so en Penner nachts ausräumt?“
Hermann:	„Ich hab nix bei mir, was ich mir nit wieder besorg könnt.“
Rudi:	„Dei Ruh möchte ich hab, Hermann.“
Hermann:	„Wer sich Sorche macht, dass was passiert, wart umsusst, wenn nix is.“

Zukunftsangst

Rudi: „Was soll nur aus uns wern, Hermann?“

Hermann: „Was menste denn, Rudi?“

Rudi: „Na, so wie etz könne mir doch nit ewig weitermach.“

Hermann: „Ewig nit.“

Rudi: „Ne, aber irgendwas muss doch ä Mal passier?“

Hermann: „Es passiert ständig was, Rudi.“

Rudi: „Du bist mir da viel zu locker, Hermann. Es ist doch besser, wenn mer sich ach ä Mal ä paar Gedanke zu seinere Zukunft macht, oder?“

Hermann: „Wies künnt, künnts. Wenns passt, passts. Wenns nit passt, wirds passend gemacht.“

Lieblingspizza

Rudi: „Ich hab frei in meim Apfelemmer ä ganzes Viertelstück Pizza gfunne. Mit Sardelle, Hermann. Stell dir des ä Mal vor! Sardelle! Mei Lieblingspizza. Un es war nur e Mal neigebisse.“

Hermann: „Wolltst du mir a ä Stück abgeb, Rudi?“

Rudi: „Nä, ich hab sie vorhin ja scho gesse.“

Hermann: „Un warum erzählstes mir dann?“

Rudi: „Dass de halt wesst, was für en Glückspilz ich bin.“

Hermann: „En richtiger Egoist behält nit nur alles für sich, er verlangt a no, dass er dafür gelobt wird.“

Verliebt

Rudi: „Neulich hätt ich mich um ä Haar verliebt, Hermann."

Hermann: „Aha."

Rudi: „Un die Angebetete hats nit ä Mal gemerkt."

Hermann: „Gell du hast der Moni nix gsagt, Rudi?"

Rudi: „Hey! Woher wesst du des mit dere Moni? Nä! Natürlich nit, Hermann. Wo denkst du hi? Sust hättses am End no gewisst und des wär frei ganz schö peinlich gewese."

Hermann: „Na dann. Nix gsagt is gered genug!"

Verrückt mach

Rudi: „Dass du immer so ruhig dahockst? Wie kost du den Affestall um dich herum überhaupt aushalt, Hermann?“

Hermann: „Mh.“

Rudi: „Merkste nit, wie die ganze Welt immer verrückter wird?“

Hermann: „Wie menste des, Rudi?“

Rudi: „Guck dich doch ä Mal um. Es is doch kener mehr normal. Siehste nit, wie die Leut langsam durchdrehe? Dadebei muss mer ja verrückt wern.“

Hermann: „Je mehr mer sich verrückt macht, desto verrückter is mer a.“

Käppele

Rudi: „Wer geht denn heutzutage no nuff em Käppele, Hermann?“

Hermann: „Ich jedenfalls nit, Rudi.“

Rudi: „Des hab ich mir gedacht. Ich war ja ach, ehrlich gsagt, scho lang nimmer drobe. Zuletzt hat mei Oma mich nuffgschleppt, als ich no kle war. Wie mer damals en Stationsweg nuffgekrabbelt sin, da hat die Oma gement, bei jedere Figur soll ich bet un mei Sünde bereu. Dann könnt vielleicht no was aus mir wern.“

Hermann: „Un, haste?“

Rudi: „Ke bissle. Aber getan hab ich, als ob. Un ä besonders reumütigs Gsicht hab ich uffgsetzt, dass mei Oma hinnenach mir sogar ä Eis gekäfft hat.“

Hermann: „Un wege dem denkste immer wieder gern ans Käppele?“

Rudi: „Ich sag nur, da müsste a wieder ä Mal mehr Leut nuffkraxel. Es könnt ja sogar was nütz, wemmer dro gläbt.“

Hermann: „Ich gläbs dir, Rudi.“

Rudi: „Wesst de, ich vergess nie, wie des war, so vo owe nach unne zu glotzen. Ganz Würzburg zu meinere Füß. Des war – einzigartig!"

Hermann: „Warum bistn dann seither nimmer drobe gewese, Rudi?"

Rudi: „Ich wess nit. Wahrscheinlich wärs anners als früher un vielleicht a gar nimmer so schö."

Hermann: „Bevor ä bedeutende Erinnerung verwässert wird, geht mer Platz und Leut lieber aus em Weg."

Nässe

Rudi: „Was machste eigentlich, wenns regnet un die alte Decke, uff der du immer hockst, wird nass?"

Hermann: „Ich wart, bis se wieder trocke is, Rudi."

Rudi: „Un derzeit, Hermann?"

Hermann: „Bleib ich hocke."

Rudi: „Wirklich? Uff dere tropfnasse Decke?"

Hermann: „Natürlich."

Rudi: „Da weicht eim doch der ganze Hosebode ei. Un dann ziehts klamm in die Unnerhose nei, un dann? Wer wess, wohin sust no alles. Nä! Also wenn ich mir des nur vorstell. Des könnt ich nit, Hermann."

Hermann: „Am beste kommt mer mit dem zurecht, mit dem mer scho immer zurechtkomme is."

Lesschwäche

Rudi: „Die Leut lese efach nix mehr, hat die Moni gsagt.“

Hermann: „Hmh.“

Rudi: „Es hesst, es wern immer weniger Bücher gekäfft un sogar an Weihnachte geits statt em Buch nur elektronisches Zeug.“

Hermann: „Was interessierts dich, Rudi?“

Rudi: „Es is halt traurig, wie unere Gsellschaft inzwische uffn Hund komme is.“

Hermann: „Naja.“

Rudi: „Wesste, ich bin da vielleicht no ä bissle altmodisch. Aber ich seh des so: Was zu lese, is Futter fürs Hirn. Des hat uns unner Lehrer in der Grundschul beigebracht und so halt ichs ach weiterhin. Sobald ä Zeitung in meim Apfelemmer land, les ich die, un zwar prompt, des koste mir gläb, Hermann.“

Hermann: „Un ä Buch?“

Rudi: „Wenn ens da is, auf alle Fäll a. Allerdings is des scho ä bissle her. Des letzte war, zugegebe, ä bissle langweilig.“

Hermann: „Was wars denn, Rudi?"

Rudi: „Die Gelben Seiten. Aber des hatt ach wenig Bilder und dadefür viel Text."

Hermann: „Vielleicht isses ä Problem, dass die Leut ke Gald mehr ausgeb wölle für was zum lese."

Rudi: „Des geht aber uff Dauer nit, Hermann. Wenn kenner mehr ä Zeitung oder ä Buch käfft, wer solln da no welche fortschmeiß?"

Hermann: „Du käffst ja a nix, Rudi."

Rudi: „Ich bin ach en annerer als die annern un dadeswege werd ich nit gezählt. Ich bin wie en Sensor. Ich krieg sofort mit, was da drauße los is, je nachdem, wie viel Zeitungen in meim Apfelemmer lande."

Hermann: „Mer zieht sich selbst am beste aus der Verantwortung, wemmer alle annern neizieht."

Die Ausländer

Rudi: „Die Ausländer nehme uns mit ihrm Rumgehambel den ganze Trottoir weg, Hermann!"

Hermann: „Menste?"

Rudi: „Ich men nit, ich sähs ja!"

Hermann: „Un?"

Rudi: „Ausgerechnet bei uns."

Hermann: „Irgendwo müsse sie ja sei, Rudi."

Rudi: „Aber doch nit, wo mein Apfelemmer is!"

Hermann: „Gell, der ghört dir?"

Rudi: „Des is allgemein bekannt, dass ich un ken annerer den uff Pfandflasche kontrollier."

Hermann: „Wer solls ihne denn gsagt ham?"

Rudi: „Jeder wess des, nur anscheinend die nit."

Hermann: „Irgendwann gehn se ja ach wieder."

Rudi: „Gottseidank. Dann laff ich schnell hi, hol alle Pfandflasche aus meim Apfelemmer und nehm a no die mit, die die Saubangerte näwedro stehn gelasse ham."

Hermann: „Wer vom annere was nimmt, döff sich nit drüber echauffier, dass der annere überhaupt da is."

Kaisergärtle

Rudi: „Etz blühe bald wieder die Magnolie, Hermann. Da drübe im Kaisergärtle koste scho die Knospe rausspitz säh.“

Hermann: „Hmh.“

Rudi: „Is des nit schö?“

Hermann: „Es wird scho schö sei, Rudi.“

Rudi: „Aber du bist anscheinend nit begeistert?“

Hermann: „Nä.“

Rudi: „Also ich find des traumhaft. Die weiße, rosane und sogar dunkellilane Blüte. Des is echt ä Highlight in Würzburg.“

Hermann: „Hm.“

Rudi: „Schad nur, dass es ke drei Woche dauert. Dann is der ganze schöne Spuk wieder vorbei.“

Hermann: „Am meste bewunnert mer des, was mer am wenigste hat.“

Tot umfall

Rudi: „Wenn du uff der Stelle tot umfall tätst, Hermann. Was wärn dann?"

Hermann: „Nix."

Rudi: „Menste nit, dass de ä komischs Gfühl hätts, wenns Lebe uff ä Mal zu End wär?"

Hermann: „Nä."

Rudi: „Denkste ernsthaft, es is genau wie sust a?"

Hermann: „Zumindest isses nit komisch, Rudi."

Rudi: „Wieso?"

Hermann: „Weil de nimmer drüber lach könntst, wenn de tot wärst."

Rudi: „Aber etz fühl dich doch mal nei in die Situation, Hermann. Wie wärsen, wenn de nachher augenblicklich tot umfall tätst?"

Hermann: „Etz lässt sich nix über nachher sag un no weniger wess mer übers End. Spekuliern macht Spaß, is aber bloß ä Spiel."

Tüte-Lady

Rudi: „Die Tüte-Lady macht sich momentan rar, Hermann. Du wesst scho. Des is die, die allen möglichen Müll in ihre Plastiktüte neistopft."

Hermann: „Aha."

Rudi: „Koste dir denk, was die damit macht?"

Hermann: „Nä, Rudi."

Rudi: „Ich a nit, Hermann. Aber neulich wollt ich ihr vo meim Apfelemmer a Plastikflasche abgeb. Un was menste? Sie hat se nit ogenomme, sondern in sich neigemurmelt, dass es ke Pfand druff geit. Ich hab direkt gstaunt. Für so professionell hätt ich die gar nit ghalte."

Hermann: „Hmh."

Rudi: „Un dann hat se mich uff Seite gschobe un efach selber drin gewühlt. In meim Apfelemmer! Wie en Maulwurf. Un weil ich gemerkt hab, dass se nit zu bremse war, hab ichs ere nachgsehn."

Hermann: „Schö, Rudi."

Rudi: „Aber eh ich mich verseh, hat se mein ganze Apfelemmer von unne nach obe gekehrt un ä paar Sache drin gfunne, wo ich im Lebe nit druffkomme wär, dass mer die brauch könnt."

Hermann: „Hmm."

Rudi: „Un etz künnts Beste, Hermann! Hat des Raaf nit tatsächlich ä Pfandflasche uffgetriebe, die ich no nit entdeckt hat? Da hab ich ere aber gleich gsteckt, dass so was nit geht."

Hermann: „Un?"

Rudi: „Sie war nit zu bremse un is mit meinere Pfandflasche un dem ganze annere Kram in ihrer Tüte fortgelaffe."

Hermann: „Un etz?"

Rudi: „Ich hab se seither nimmer gsehn, Hermann."

Hermann: „Hm."

Rudi: „Aber ich muss scho sag, irgendwie könnt mer se fast vermiss. Mit dere kammer zwar nix ofang, aber sie is halt immer da gewese. Sie ghört efach dazu. Un etz, wo se weg is, isses anners."

Hermann: „Am meste vermisst mer des, was mer als selbstverständlich ogenomme hat.“

Domschatz

Rudi: „Warst du überhaupt schomal im Dom, Hermann?“

Hermann: „Nä, Rudi.“

Rudi: „Du bist halt en Kulturbanause. Der is frei vollgstopft mit uralte Figure un annerm wertvolle Zeug.“

Hermann: „Un?“

Rudi: „Des sin fei Schätze, Hermann. Echte Schätze.“

Hermann: „Was gehts dich o?“

Rudi: „Mich tät brennend interessier, wem die ghörn?“

Hermann: „Der Kirch, nehm ich ä Mal o.“

Rudi: „Also, wenn ich mir vorstell, die täte mir ghör, dann wird mirs scho ganz anners. E Mal en stinkreicher Kirchefuzzi sei, des wär doch was.“

Hermann: „Des tät aber ach hess, dassde en Zölibat eihalt müsst, Rudi. Un, ehrlich gsagt, mir wisse alle zwe: Du hasts überhaupt nit mit der Keuschheit. Jedem Rock rennst du hinnerher.“

Rudi: „Aber die Schätze, Hermann! Die Schätze!“

Hermann: „Wenn de die hab wölltst, müssteste no dazu entsprechend ufftret: Ä lange, kratzige Kutte un en riesige Deckel uffm Kopf. Rudi, des passt ken Schieß zu dir."

Rudi: „Des menst aber a nur du, Hermann. Ich wär en Kirchefürst, der sich gewasche hätt."

Hermann: „Du wärst ä Schießbudefigur, Rudi."

Rudi: „Vielleicht wärs ach efach nur schö, sich die viele Reichtümer nur ozuglotze. Dadebei könnt ich mir vorstelle, mir täte se selber ghör; es Gold un die Edelstein. Des tät ja a scho reich."

Hermann: „Nä, nä."

Rudi: „Nä? Du willst nit seh, wie schö des glitzert und blinkt?"

Hermann: „Sicher nit."

Rudi: „Dann hast du a nix, von dem du träum köst."

Hermann: „Reich is nit der, der vo Reichtümer träumt, sondern der, dem se gehörn."

Walther von der Vogelweide

Rudi: „Hast du schomal was vom Walther von der Vogelweide ghört, Hermann?“

Hermann: „Nä!“

Rudi: „Dann hat der Schnulli ja scho wieder recht ghabt.“

Hermann: „Mit was denn, Rudi?“

Rudi: „Na, dass der Walther von der Vogelweide überhaupt nit existiert!“

Hermann: „Freilich! Was emol war, des geits halt a nimmer!“

Deckel

Rudi: „Was hat denn der da drübe für ä komischs Hütle uff, Hermann? Des scheint so ä Art Russekäpp zu sen."

Hermann: „Wess ich nit."

Rudi: „Der sieht jedenfalls aus damit wie en Depp!"

Hermann: „Du hast doch a so en Deckel uff em Kopf, Rudi."

Rudi: „Bei mir is des was anneres. Meiner is modern. Außerdem steht NY druff und des is amerikanisch."

Hermann: „Sinn mir denn Amerikaner?"

Rudi: „Nä! Aber dere ihr Mode is ausschlaggebend. Da muss mer mithalt, sust is mer out."

Hermann: „Un du menst, mit deim Hütle biste plötzlich in?"

Rudi: „Ich men nit, ich wess es. Ich seh doch, wie mich alle oglotze un vielleicht sogar ä bissle neidisch sin auf mei schöns Käpple."

Hermann: „Jeder Kopf kriegt den Deckel, den er verdient."

Hoseträger

Rudi: „Ey Hermann! Ich hab mir neue Hoseträger besorgt!"

Hermann: „Aha."

Rudi: „Sin die nit schö?"

Hermann: „Die sehn exakt so aus wie dei alte, Rudi!"

Rudi: „Des isses ja. Koste des gläb, dass ich genau solchene find, wie ich se gestern verlorn hab? No dazu in meim Apfelemmer?"

Hermann: „Nä!"

Rudi: „Doch! Is des nit Schicksal?"

Hermann: „Schicksal is ä alte Kuh. Mal bescheißts dich, ä anner Mal machts: Muh!"

NY

Verpfiffe

Rudi: „Gestern hat mir der Schnulli ene eigschenkt, Hermann!“

Hermann: „Wie des, Rudi?“

Rudi: „Na, der hat rumgschriee, ich hätt ihn bei der Bulle verpfiffe wege Hasch.“

Hermann: „Un?“

Rudi: „Wenn der mich aber ach so blöd von der Seite omacht! Ich hätt sein Bier leer gsoffe? Ich?“

Hermann: „Haste?“

Rudi: „Es war ja bloß rumgstande und wär warm worn bei dem Wetter.“

Hermann: „Was mer halt obe in ä laufende Mühl neischmeißt, künnt unne gequetscht a wieder raus.“

Langweil

Rudi: „Ein Scheißwetter hammer heut, Hermann! Ich wess gar nit, wo ich mich no unterstell soll!“

Hermann: „Geh halt nein Bahnhof nei, Rudi.“

Rudi: „War ich scho. Stinklangweilig.“

Hermann: „Un bei mir isses spannender?“

Rudi: „Du hast wenigstens immer öbbes zu erzähle, Hermann.“

Hermann: „Ahja?“

Rudi: „Dadebei vergisst mer ganz, dass mer nass wird.“

Hermann: „Un etz wesstes wieder?“

Rudi: „Hör bloß uff, Hermann! So was will ich gar nit hör! Es war grad so schö bei dir un dann kommst du mit deinere blöde Sprüch daher. Wenn de sust nix wesst, kann ich a wieder geh.“

Hermann: „Reisende söll mer nit uffhalt!“

Plastiktüte

Rudi: „Guck ä Mal, Hermann! Die Plastiktüte da höm die Leut efach weggschmisse. Koste des gläb?“

Hermann: „Nä.“

Rudi: „Die is doch no einwandfrei.“

Hermann: „Naja.“

Rudi: „Mit unnere Umwelt gehts bergab un die Leut könne nit ä Mal mehr ä Tüte ä zwets Mal nehm.“

Hermann: „Dadefür hast du se ja etz, Rudi.“

Rudi: „Gottseidank! Und dadeswege tu ich a etz mei Pfandflasche nei. – Guck, Hermann! Einwandfrei. Es is bloß ä klens Loch drin. Aber des macht nix. Obwohl. Es is scho ä bissle größer. Naja. Dann räum ich die Flasche halt wieder raus und tu se zurück in die alte Tüte. – Un etz stopf ich die alte Tüte mitsamt der Flasche in die neue nei. – So, fertig. Un? Was sagste etz?“

Hermann: „Wemmer sich was nein Kopf gsetzt hat, bringt mers zu End, a wenns nimmer schö is.“

Millionär sei

Rudi: „Wenn du etz Millionär wärst, Hermann, was tätsten dann mach?"

Hermann: „Nix, Rudi."

Rudi: „Echt? Nit ä Mal ä bissle Geld ausgeb für – sage mer mal en bessere Sitzplatz oder ä annere Decke oder ä neus paar Schuh?"

Hermann: „Nä. Es is gut, wies is."

Rudi: „Also ich tät mir ä Stück vom Bahnhofsplatz käff und dann tät ich mir ä Häusle druff bau mit em riesige Apfelemmer vornedro. Und en Sessel tät ich mir a neistell in meim Häusle."

Hermann: „Und dann?"

Rudi: „Dann tät ich mich in mein Sessel flack und wart, bis Leut kumme un viel, viel Pfandflasche in mein Apfelemmer neischmeiße."

Hermann: „Des is dein Traum?"

Rudi: „Genau! Des wärs!"

Hermann: „Dann isses nit schlimm, dass du ken Millionär bist."

Rudi: „Ja warum?"

Hermann: „Reich is, wer sich nix anneres wünscht, als immer no ä bissle mehr."

Im Himmel

Rudi: „En klene Rausch un immer no ä Bierle in der Hand, des is was Schöns, Hermann."

Hermann: „Naja."

Rudi: „Stell dir ä Mal vor, dass, wemmer im Himmel is, dass mer dort en ganze Tag bedudelt umenanner fliegt. En ganze Tag!"

Hermann: „Isses denn grad anners bei dir, Rudi?"

Rudi: „Etz hör aber uff! Du wesst genau, wie schwer ich mir mei Bierli mit de Pfandflasche verdien. Im Himmel gäbs nix mehr zu tun. Ich hätt efach so en sitze."

Hermann: „Dadefür müsstest de halt ach en Engel sei, Rudi. Un du wesst scho, dass nit jeder en Engel wird?"

Rudi: „Hör uff mit dem Schmarrn. Wenns ener verdient hat, dann ich."

Hermann: „Dann geh du mal schö in dein Himmel. Du wirst scho sehn."

Rudi: „Was?"

Hermann: „Da obe braucht mehr nix mehr und deshalb geits a nix mehr. Also a ke Bierli mehr für dich."

Rudi: „Dadro hab ich no gar nit gedacht."

Hermann: „Manchmal wünscht mer sich grad des, was mer nit hab will."

Internet

Rudi: „Hast du a schomal im Internet gsurft, Hermann?“

Hermann: „Nä, Rudi.“

Rudi: „Also der Schnulli hat gsagt, dass mer da drin alles find.“

Hermann: „Ah. Der Schnulli.“

Rudi: „Wenn des wirklich so is, dann wär des Internet ja ä wunderbare Findmaschin.“

Hermann: „Sieht so aus.“

Rudi: „Dann könnts mir a mei karierts Taschetüchle zurückbring, des wo ich scho seit Tagen vermiss.“

Hermann: „Des packts nit. Es Internet find bloß, was mer normalerweis nit braucht.“

Rudi: „Was ich nit brauch? Des is schwer. Was soll ich mir denn da wünsch? Da müsst ich ja direkt ä Mal nachdenk.“

Hermann: „Mach des.“

Rudi: „Wesste, des is richtig ostrengend. Ich hab ja no nit ä Mal ä Handy. Menst du, es rentiert sich überhaupt, en Haufe Gałd dadeswege auszugebe? Des kost doch sicher ä Vermöge.“

Hermann: „Wess ich nit.“

Rudi: „Ich gläb, ich überleg mirs noch ä Mal, ob ich des Internet wirklich brauch. Möglich is ach, dass der Schnulli mir bloß en Bäre uffgebunde hat.“

Hermann: „Wenns ostrengend wird, haut mer gern ä Mal a wieder ab.“

Tanz

Rudi: „Warst du eigentlich schomal uff Tanz, Hermann?“

Hermann: „Nä, Rudi.“

Rudi: „Also ich hab neulich, als der Ian, du wesst scho, der Straßemusiker aus Irland, mit seinere Gitarre ä paar Liedli gsunge hat, ausere Laune heraus mit der Moni uff der Straß getanzt. Dere Leut sin direkt die Auge rausgfalle, so ham se uns nachgeglotzt.“

Hermann: „Hm.“

Rudi: „Des hat mal wieder richtig gut getan. Ä anständigs Weib im Arm.“

Hermann: „Un?“

Rudi: „Sie hats scho arg genossen. Aber dann! Gläbstes? Des Raaf hat so fest gedrückt, die wollt mich nimmer los lass!“

Hermann: „Un?“

Rudi: „Streckt mer en klene Finger hi, nimmt se die ganze Hand. Nä, nä. Was zu viel is, is zu viel. Dere hab ich gezeigt, dass solche Fisimatente bei mir nit drin sin. Ich hab se am Handgelenk gepackt, so – – – und dann hab ich gsagt: Wenn du mich nit sofort in Ruh lässt, dann zeich ich dich an wege Hausfriedensbruch!"

Hermann: „Aber du hast doch gar kee Haus, Rudi?"

Rudi: „Des hat trotzdem gfrucht. Die hat sofort losgelasse und is wutentbrannt von danne gezoche. Seither hab ich se a nimmer gsehn."

Hermann: „Dann is ja alles gut."

Rudi: „Scho. Aber, ehrlich gsagt, hätt ich gern mal wieder ene ghabt."

Hermann: „Die Moni?"

Rudi: „Die hätts getan. Aber wenn se ach vor aller Leut so übertriebe tut, da muss mer sie ja quasi davostump."

Hermann: „Eigentore wern vor allem im Affekt gschosse."

Außerirdische

Rudi: „Warum geits eigentlich ke Außerirdische, Hermann?“

Hermann: „Wer sagt des, Rudi?“

Rudi: „Na, der Schnulli. Du wesst scho: Der mit dem Glasauge.“

Hermann: „Un der wess des?“

Rudi: „Sust könnt ers ja nit behaupt!“

Hermann: „Hat er denn schomal en Außerirdische durch sein Glasauge gsehn?“

Rudi: „Des isses ja! Er behauptet steif und fest, dass er noch nirgends welche gsehn hat. Deshalb wess ers ja so genau, dass es kene gibt.“

Hermann: „Manch ener sieht nix und ment deswege, es gäb a nix zu sehn.“

Platz mach

Rudi: „Ey, Hermann!“

Hermann: „Ja, Rudi?“

Rudi: „Koste mir ä mal Platz mach?“

Hermann: „Warum?“

Rudi: „Weil ich etz da sitz will!“

Hermann: „Na dann – .“

Rudi: „– Ey Hermann!“

Hermann: „Ja?“

Rudi: „Sauber Mann, echt korrekt! Bist en feiner Kerl, dass de des gemacht hast.“

Hermann: „Ach der größte Aff hat ä Mal en Platz an der Sonn verdient.“

Nachtdunkelheit

Rudi: „Hermann, is dir eigentlich schomal uffgfalle, dass es nachts ganz schö dunkel is?"

Hermann: „Nä."

Rudi: „Etz vergackeierst du mich. Wirklich nit?"

Hermann: „Ach Rudi."

Rudi: „Wesste, neulich abends, da hab ich ä Mal in mich neighorcht. Un dodebei is mir komme, dass es überhaupt nit schö is, wenns dunkel is."

Hermann: „Aha?"

Rudi: „Alle gehn hemm. Nur mir nit, weil mir nit hemm geh könne, weil mer scho immer da sin, wo mer dahem sin."

Hermann: „Un?"

Rudi: „Nachts wirds so ruhig. Wenn alle Straße uffgeräumt sin, bleibe bloß no mir übrig."

Hermann: „Un?"

Rudi: „Dann fang ich an un vermiss den Trubel. Mer hat doch ä weng ä Ansprache unertags. Des fehlt mer scho. Jeden Morge hoff ich, dass es wieder hell wird un dass wieder die Leut komme. Un dann stell ich mir vor, wie se en Haufe Pfandflasche in mein Apfelemmer neischmeiße. Un dann gehts wieder aufwärts."

Hermann: „Jeder sucht sich was, auf des er sich freu kann, damit er sich freu kann."

Drogen

Rudi: „Der Schnulli hat scho wieder Ärger mit der Polente ghabt, Hermann."

Hermann: „Ahja, Rudi?"

Rudi: „Den ham se gfilzt bis unner die Unterhose. Alles uff der Suche nach versteckelte Droge."

Hermann: „Un?"

Rudi: „Natürlich hat er nix ghabt. Der Schnulli hat ja schon seit vorgestern nix mehr. Der is pleite."

Hermann: „Ahso."

Rudi: „Für des Business is der Schnulli efach zu weich, ach wenn er den Harte markiert. Sei letzter Kunde hat des Zeug beim uff Pump gekäfft. Und etz kriegt der Schnulli nix mehr vo seinere Lieferante, weil er zu viel Ausständ hat."

Hermann: „Nit ä Mal uff Pump?"

Rudi: „Na hör mal! Die sin doch kee Wohltäter. Entweder cash uff die Kralle oder tschüss."

Hermann: „En Gauner muss ehrlich zu annere Gauner sei, sust wird er sogar aus der Gaunerwelt nausgschmisse."

Schnulli fort

Rudi: „Haste en Schnulli mal wieder gsehn, Hermann?“

Hermann: „Nä, Rudi.“

Rudi: „Ich wess nit, wo der Blödel hikomme is. Seit Tagen isser nimmer uffgetaucht.“

Hermann: „Vielleicht isser fort?“

Rudi: „Wie? Der Krübbel schuld mir doch no 20 Euro!“

Hermann: „Dann erst recht!“

Rudi: „Wieso soll denn der mit meim Geld auf un davo? Des geht doch nit! Des kann er doch nit gemach!“

Hermann: „Sogar des, was nit wahr sei döff, is wahr.“

Fränkisch für Neigschmeckte

Dieses Schrift-Fränkisch ist dem Gesprochenen zwar ähnlich, wurde aber phonetisch nicht 1:1 nachgezeichnet. Das hätte die Lesbarkeit sonst unnötig verkompliziert.
Allgemein werden die harten Konsonanten, wie k, t, p, als *g, d, b* weich gesprochen. Und *ein* wird in der Regel zu *e*, z.B. *ke* (= kein/e), *menst* (= meinst), *kle* (= klein). G wird oft wie *ch* gesprochen, u wie *ü* und a wie *ä*. Bei *drin* wird manchmal das r weggelassen. Auch Endungen werden gerne verschluckt, z.B. *mach* (= machen), *scho* (= schon), *un* (= und), *sin* (= sind), *no* (= noch).

a = auch

ä = ein (unbestimmter Artikel)

ä weng = ein wenig

Aache = Augen

abstrampel = extrem anstrengen [zumindest in der Vorstellung!]

abzukrieche = abzubekommen

ach = auch

Affestall = die verrückt gewordene Gesellschaft

als = manchmal

anner(-er) = anderes/der Andere

Apfelemmer = Abfalleimer

arch = arg/viel

Ärwärt = Arbeit

ausem = aus dem

ausere = aus einer

Ausfluch = Ausflug

gschennt = geschimpft

awer = aber

Bämm = Bäume [auch Bahme genannt]

bedudelt = leicht betrunken

bissle = bisschen

bleit = bleibt

Boh = Bahn

bräts = breites / beinahe lachend

bruns = urinieren

Buu = Bub/Junge

dadebei = dabei

dadefür = dafür/dazu

dadeswegen = deshalb

dadezu = außerdem

de = du

dei = dein-e/-en

deim = deinem

dere = denen

derzeit = inzwischen

des = das

desdeweche = darum

Deykl = Deckel, Hut

döff = darf/dürfen

Dokter = Arzt

dreckert = dreckig

dro = dran

druff = drauf

drum = darum

durchenanner = durcheinander

e = ein (Zahl)

e zwischendrin wird öfter weggelassen: *ghabt* (gehabt), *gsagt* (gesagt)

ebbes = etwas

een = ein/-er/-e/-n

efach = einfach

eh = sowieso

eiche(ne) = eigene

eigschenkt = ins Gesicht geschlagen

em = einem

enner(e) = einer

ere = einer

es = das

etz = jetzt

ey = Hallo!

findste = findest du

Fra = Frau

fräa = freue

Fräd = Freude

frei = [Ausdruck für: belehrend, staunend]

frei = halt

Fuffziger (falsche) = fünfzig Pfennig [Lügner/Betrüger/nicht vertrauenswürdige Person]

Gald = Geld

geit = gibt

geits = gibt es

gekäfft = gekauft

geköhrt = gehört

gell = Aha [ein bisschen schnippisch]

geloche = gelogen

gemach = tun

gemöcht = gemocht/geliebt

gewisst = gewusst

gfunne = gefunden

gläb = glauben

gliedgut = in passablem Zustand/noch zu gebrauchen

glotz = schauen

gor = gar

gornix = gar nichts

gscheits = ordentlich/anständig/gut

gschmisse = geworfen

guck = schauen

Hä? = Wie? Wirklich/in Echt? [aber auch: verstehe ich nicht]

ham = [wird auch *höm* ausgesprochen] haben

hammer = haben wir

hamsen = haben sie ihn

hättstes = hättest du (es)

Heiderespekt = Bewunderung/Angst

hemm = heim

hess(t) = heißen/heißt

hiegschleppt = jemanden dazu motiviert, mitzugehen

hinnedro = hintendran

hinnenach = hinterher/danach

hinnerher = hinterher

hunnert = hundert

Hütle = Hut [viele Dinge werden mit einem *-le* am Ende verniedlicht]

ihrene = ihre

irchenöbbes = irgendwas

iss(-es) = ist (es)

issn = ist denn

kaalt = kalt

käff = kaufen

kammer = kann man

ke = kein-e

kenner = keiner

kle = klein

kost(e) = kannst du

köst = könntest

kriegt = bekommen

kumm(e) = komm (e/-en)

künnt = kommt

läb(-e) = leben

läd = leid

laff(e) = laufen

läffst = läufst

lametier = klagen

läs = lesen

-le = verharmlosende Form

Leut = Leute/Gesellschaft/die anderen [wichtig für einen Franken, wie über ihn gedacht wird]

maloch = sehr viel arbeiten

Mäster = Meister

meim = meinem

men/-st = meine/meinst

mer = man/wir

mern = wir ihn

mers = man es

mim = mit dem

Mo = Mann

möchet = möchte

morche = Morgen

mords = eine Menge

nä = nein

nachkart = noch etwas mehr wollen, obwohl man schon etwas bekommen hat

näwedro = nebendran

nei = hinein

neilech = hineinlegen

nein = in den

neischmeiß = hineinwerfen

neulich = vor ein paar Tagen

nimmer = nicht mehr

nit = nicht

nix = nicht

no = noch

nuff = hinauf

nuffkraxel = hinaufklettern

o = an

öbbes = etwas

Ogebot = Angebot

omacht = provozieren

owe = oben

Ozuch = Anzug

ozunehme = anzunehmen

Polente = Polizei

Raaf = ältere Frau, die sich schlecht/tolpatschig/dumm verhält

rausfisch = herausholen

Regatt = Respekt

rüm = herum

Rumgehambel = Getue

Rumgezeder = meckern/nörgeln

rumschwanzeln = sich um denjenigen scharen /bei demjenigen sein/von demjenigen profitieren

sag = sagen

säh(n) = sehen

Saubangert(e) = Idiot(en)

Saubatzer = Menschen, denen die Hygiene nicht wichtig zu sein scheint

sauf = trinken

Schieß = Pfurz (passt ken Schieß = passt überhaupt nicht)

schimpf wie en Rohrspatz = lautstark vor sich hin schimpfen

schlacht = schlecht

Schnösel = Leute, die tun, als wären sie etwas Besseres (haben meist mehr Geld)

schomal = schon ein Mal

Schös = Schönes

schuld = schuldet

seinere = seinen

solchene = solche

söll = soll

Ste = Stein

stump = schubsen

sücht = suchen

sust = sonst

tät = würde

trächt = trägt

uff = auf

uffere = auf einer

unner = unter

umsusst = umsonst

unne = unten

unserens = ich/wir

vergackeiern = belügen/für dumm verkaufen

Verrecker = Schelm

verreckt = kaputt

vonere = von einer

wäche = wegen

wäret = werden würde

wart = warten/warte

wechere = wegen einer

Weck = Brötchen

wemmer = wenn man

weng = wenig

wern = werden

wess(t) = weiß(t) [groß geschrieben aber auch: Weizen]

widder = wieder

Winkewinke = Abschiedswinken

wöll(e) = wollen

worn = geworden

würdste = würdest du

wurscht = egal

Zuch/Züch = Zug/Züge

zum = zu einem

zwä = zwei

Zwätter = Zweiter

Autorenporträt

Andreas Arnold ist, das verbürgt seine Frau, ein Mann, der in keine Kategorie passt. Am ehesten gehe er noch als Universalgenie durch. Gelebte Humanität steht im Mittelpunkt seines Lebens. Tatsächlich beschäftigt er sich als Therapeut, Supervisor, Pädagoge, Student, Musiker und eben auch als Schreibender mit Menschen jedweder Art, deren einzigartigen Blick auf die Welt und die verschiedensten Versuche, etwas aus wenig oder ein wenig mehr aus fast nichts zu machen. Viele Erlebnisse, die ihm als eingefleischten Öffi-Nutzer und aufmerksam durch die Stadt laufenden Würzburger unterkommen, werden aufgeschrieben oder vertont; manchmal auch beides.

Aufgewachsen in einem fränkischen Dorf bei Würzburg, betrachtet er seinen Dialekt als Teil der inneren Heimat. Mit diesem Büchlein will der Autor den Mehrwert des Unterfränkischen aufzeigen, indem er bereits durch die Art des Erzählens, natürlich aber ebenso durch die Erzählungen selbst Menschen zum Schmunzeln und Nachdenken anregt. Der Autor bittet eingefleischte Franken um Verzeihung, falls Orthografie und Satzstellung nicht dem Original entsprechen. Er gibt zu bedenken, dass viele Dialekte in Unterfranken kursieren. Ziel war nicht die präzise Wiedergabe eines bestimmten, sondern das Beibehalten von Essenz und Stärke des unterfränkischen Dialektes. Deshalb wurde auf Lesbarkeit und Verständlichkeit geachtet. Für alle, die des Fränkischen nicht mächtig sind, gibt es ein kleines Glossar im Anschluss an die Geschichten.

Andreas Arnold

Bücher mit regionalem Bezug

Jane A. Baum, Hans-Peter Baum,
Jesko Graf zu Dohna:

Die Abenteuer des Grafen Friedrich Reinhard von Rechteren-Limpurg im Mittelmeer und im Amerikanischen Unabhängigkeitskrieg 1770 bis 1782

Zweisprachige Edition in Deutsch und Englisch
148 Seiten, Hardcover, Format 21 x 26 cm
ISBN 978-3-88778-484-3
2. überarbeitete Auflage, 22,00 €

Friedrich Reinhard Graf von Rechteren-Limpurg (1751–1842) hatte als typischer junger Adliger des 18. Jahrhunderts schon in seiner Jugend in der Marine und im Heer der Niederlande gedient. In seinem 30. Lebensjahr nahm er mit dem rein deutschen Regiment „Royal Deux-Ponts" der französischen Armee am weltgeschichtlich bedeutenden Sieg der verbündeten Amerikaner und Franzosen über die Briten bei Yorktown im Oktober 1781 teil, der den Amerikanischen Unabhängigkeitskrieg entschied.

In seinen lebendig geschriebenen, hier erstmals im Druck veröffentlichten Memoiren beschreibt er diesen Krieg und seine zweijährige Seereise durchs Mittelmeer an Bord eines niederländischen Linienschiffs.

Bisher ist in Deutschland – wie auch in Amerika – kaum bekannt, dass deutsche Soldaten auch auf der amerikanischen Seite am Unabhängigkeitskrieg teilgenommen haben, während jedes Schulkind von den auf britischer Seite eingesetzten Hessen gehört hat. Da der Graf von Rechteren-Limpurg zudem ein Franke war, schien es geboten, diesen Aspekt der fränkischen Geschichte hier einmal ins rechte Licht zu rücken.

Max Mohr:

Es sei denn regenbogenwärts

88 Seiten, Softcover
Format 13 x 17,7 cm
ISBN 978-3-88778-589-5
14,80 €

Max Mohr war einer der produktivsten Dichter der Weimarer Republik, viele seiner Theaterstücke, wie der damals bahnbrechende „Ramper“, wurden verfilmt und seine Romane, wie etwa „Frau ohne Reue“, werden auch heute noch immer gelesen.

Als Lyriker ist er weniger bekannt, obgleich er doch, ähnlich wie Georg Heym und Theodor Däubler, ein Meister des expressionistischen Sonetts war. In den frühen Gedichten, die zwischen 1914 und 1917 entstanden, bezieht Mohr, anders als viele seiner Zeitgenossen, dezidiert Stellung gegen übersteigerten Patriotismus, Feindeshass und Krieg. Eindrucksvoll verarbeitet er die Katastrophe des Ersten Weltkrieges, den er als Arzt im Fronteinsatz selbst miterlebte, und transzendiert sie poetisch mit Blick auf die großen europäischen Kulturleistungen. In seinen späten Sonetten beschwört Mohr eine friedfertige, auf der Ethik eines weltumspannenden Humanismus fußende, Zukunft.